आवाज़ें

आवाज़ें

चुनिंदा और नयी कविताएँ

चम्पा वैद

संचयिता सम्पादक
पीयूष दईया

वाणी प्रकाशन

वाणी प्रकाशन

4695, 21-ए, दरियागंज, नयी दिल्ली 110 002

शाखा

अशोक राजपथ, पटना 800 204

फ़ोन: +91 11 23273167 *फ़ैक्स:* +91 11 23275710

www.vaniprakashan.in
vaniprakashan@gmail.com

AAWAZEN
by Champa Vaid
Collection & Edited by Piyush Daiya

ISBN : 978-93-5000-775-4

Collection of Poetry

प्रथम संस्करण

मूल्य : ₹ 300

हिमांशु प्रिंटर्स, दिल्ली-110 053 में मुद्रित

वाणी प्रकाशन का लोगो मक़बूल फ़िदा हुसेन की कूची से

कामना और मनीष के लिए

क्रम

अनसुनी आवाज़

पुरुषोत्तम अग्रवाल

मुहाविरे की हैसियत हासिल कर चुकी बात है कि "बात बोलेगी, हम नहीं", लेकिन अमूमन कविगण अपनी कविता के बारे में बोलने से संकोच फिर भी नहीं करते। चम्पा वैद "अपने और अपनी कविताओं के बारे में कुछ भी कहने में बहुत कठिनाई अनुभव करती है" इस कठिनाई और संकोच का कारण यह कि "लेखन देर से शुरू हुआ और वह भी उस आयु में जब अधिकतर लेखक लिखना कम कर देते हैं या बन्द।"

संकलन के पाठक, आशा है कि मेरी इस राय से सहमत होंगे कि लेखन देर से ज़रूर शुरू हुआ लेकिन खामखाह नहीं, इसीलिए यह भी लगता है कि इस कवि का कवि-कर्म, काश देर से नहीं पहले शुरू हुआ होता। "पहले शुरू हुआ होता" लिखते ही मन में आता है कि तब जाहिर है कि न अनुभव ऐसे होते न उनकी अभिव्यक्ति। अनुभव से वह ज़रूरी दूरी, वह दार्शनिक क़िस्म की निर्लिप्तता जो युवतर दौर में हमें साधनी पड़ती है, वह चम्पा जी की कविताओं में सहज ही आ गयी प्रतीत होती है :

जला दिये हैं स्वप्न सुरक्षा के
बाँट दी हैं साड़ियाँ
उखाड़ फेंके हैं गले-सड़े पौधे
अब मोमबत्ती सी पिघल रही हूँ

लिखना भले ही देर से शुरू किया हो, और अनुभव से दूरी सहज ही आ गयी हमें भले ही प्रतीत हो, कवि ने उसे कठिन संघर्ष से अर्जित किया है। सहज कभी भी उतना सहज होता नहीं, साधना से ही आता है। संघर्ष की बात करते समय मैं कवि के व्यक्ति जीवन की बात नहीं कर रहा; करना चाहूँ तो भी नहीं कर सकता। जानकारी ही नहीं है। जो कि कविता से सीधा संवाद करने के लिहाज़ से अच्छा ही है। यह संघर्ष काव्य-संवेदना का अपना संघर्ष है, कविता इस संघर्ष और साधना के साक्ष्य स्वयं ही देती है। सर्जनात्मक दूरी हासिल करने की चाह जितनी भी प्रबल हो, लेकिन यह "दो वृक्षों" का यह "डर" भी तो मानव-जीवन का सच है :

साथ-साथ रहते हैं
दिन-रात डरते हैं
किसी एक की छाया
खिसक न जाए
अकेली ही

इतनी मार्मिक अभिव्यक्ति के साथ ही चम्पा जी की कविताएँ इस जानी-मानी बात की साखी भरती है कि जीवन की तर्केतरता जितनी अनिवार्य है, उतनी ही अपरिहार्य है, मानवीय कोशिश—सारे जीवन और संसार को नहीं तो, कम से कम अपने व्यक्तिगत अनुभवों को किसी बोधगम्य ढाँचे में ले आने की। इस कोशिश की कठिनाइयाँ, और इन

कठिनाइयों के मज़े—जाहिर है कि इस अजीब बात को उलटबांसी में ही कहा जा सकता था :

एक कविता लिखना चाहती हूँ
लोहार की धौंकनी जैसी
जो कहना चाहती हूँ
कह नहीं पाती
बिल्ली खा गई आदमी
आदमी निगल गया घड़ियाल
नभ की पूँछ में हिल रहे हैं
पृथ्वी के स्वर्ग
कबूतर उड़ाकर ले आया
हवाई जहाज़ को नीचे
डराता
धमकाता
मुँडेर पर बैठ जाने के लिए

मैं अक्सर
अपनी आवाज़ को
अनसुनी कर देती हूँ

और जब आवाज़ को अनसुनी करते जाना नामुमकिन होने लगे, तभी तो कविता सम्भव होती है। कवि माध्यम भर रह जाता है, ऐसी आवाज़ को सुनने और सुनाने का—ऐसा माध्यम बन जाने को भी टाला जा सकता है शायद। लम्बे अरसे तक चम्पा जी भी टालती ही रहीं, शायद।

बहरहाल, बतौर भावक के, मैं उनका शुक्रगुज़ार ही हो सकता हूँ कि उन्होंने और नहीं टाला, और यह आवाज़ हम तक पहुँच सकी जिसमें मैं भी अक्सर अनसुनी कर दी गयी

आवाज़ सुन पा रहा हूँ। साथ ही कुछ और आवाज़ें भी इन कविताओं को पढ़ते समय खुद को सुना देती हैं :

दो भूत अँधेरे में
टकराते रहते हैं
इधर-उधर भटकते
अपनी अपनी खोज में व्यस्त

यों तो ये भूत दो इनसानों के बीच के हर संवाद में कभी-कभी डेरा डाल लेते हैं, लेकिन कभी-कभी ऐसी टकराहट व्यापकतर ऐतिहासिक अनुभव को भी परिभाषित करती है। याद आती है जुजे सरामागो द्वारा वर्णित तीन प्रेतात्माएँ जो एक दूसरे को अंधों की तरह देखती भर हैं, बतियाती नहीं हैं। इन प्रेतात्माओं में से एक, सरामागो के अनुसार उसकी हैं जो हो सकता था, लेकिन हुआ नहीं, दूसरी उसकी जो हुआ और तीसरी उसकी जो होगा। सवाल यही है कि तीनों आपस में बात कर पातीं, तो क्या होता? चम्पा जी की कविता के प्रसंग में सवाल यों बनेगा कि दोनों अपनी अपनी खोज के साथ ही मिल कर भी कुछ खोज पाते, तो क्या होता?

बहरहाल।

चम्पा जी की कविताओं में बचपन की यादें सांस्कृतिक आशय लेकर आती हैं, चने खाती दादी की याद में चने "बोलने लगते हैं/वह भाषा/जो मैं भूल नहीं पाती"। उनकी कविताओं का मितकथन भी केवल रूप-सम्बन्धी चुनाव नहीं, स्वभावगत प्रतिज्ञा है, और सांस्कृतिक आशयों से सम्पन्न निजी स्मृतियाँ इस प्रतिज्ञा को भी विशेष बना देती हैं :

नानी के वाक्य याद करती हूँ

वह कहती थी
परछाईं मत देखो
जल्दी-जल्दी संध्या टालो
बत्ती जलाओ
झाड़ू न लगाओ
बैठकर कोई मन्त्र पढ़ो
यह सब कविता में घुस आता है
मैं डर जाती हूँ
जब कविता भी
उस परछाईं सी लम्बी
होती चली जाती है।

स्वागत है, अक्सर अनसुनी कर दी गयी आवाज़ को सुनने की कोशिश करती इन कविताओं का।

मैं एक सफ़ेद फूल हूँ

सोचती यह घर अन्तिम होगा
शायद घर सपना है
सपना घर
मैं भटक रही हूँ जंगल-जंगल
ढूँढ़ती घर सूरज की गोलाई में
तारों की तनहाई में
पानी में पड़े आकाश में
चाँद के पहाड़ों में
समुद्र की जलकुम्भी में
हवा के तैश में
घोड़ों के अस्तबल में
रेत के घरौंदों में
सीपी में बैठे कीड़े-सी व्यस्त नमकीन

जला दिए हैं स्वप्न सुरक्षा के
बाँट दी हैं साड़ियाँ
उखाड़ फेंके हैं गले-सड़े पौधे
अब मोमबत्ती-सी पिघल रही हूँ
देह की भूख
भूतनी गाय की तरह

भटकती फिरती है जंगल-जंगल
पूरा जंगल छिप जाता है
एक स्त्री प्रलाप कर रही है

सपनों में अक्सर घर बदल रही होती हूँ
नये घर की सुरंग में
डर छिपे हैं दिल में अनेक
प्याज़ की परतों-से झिल्ली में लिपटे
फ़ीटस से
मन करता है अपने दिल से बाहर
भाग जाऊँ किसी जंगल की ओर
वापस न आऊँ अन्त से पहले

मैं एक सफ़ेद फूल हूँ
अपने स्त्रीत्व में खड़ा
एक सूरज
गहराई में डूब
देखता घड़ियाल मछलियाँ केकड़े
बेलों के जंगल
साँप कछुए और मोती बनाते कीड़े
सीपी में छिपे
समुद्र के सीने में

1994

तुम मछलियों में गुम हो जाओगी

मकर संक्रान्ति आने को होगी
जाड़ा रज़ाई में दुबका तुम्हें बुलाएगा
मेथी फैली होगी हरी मख़मल-सी
तुम उसे तोड़ना चाहोगी
एक तक्षक तुम्हें पकड़ लेगा
तुम उसके साथ जाने को तैयार हो जाओगी
माँ आँसुओं की चादर में
तुम्हें छिपा कुछ सोचती चुप्प हो जाएगी
पिता तुम्हारे ठण्डे शरीर को छू
सूर्यास्त से पहले तुम्हें श्मशान छोड़ आएँगे
तुम रात भर जलती सोचती रहोगी
अपने जीवन के बारे में
दूसरे दिन साथ वाली राख में छिपी आत्मा से
उसके जीवन के बारे में पूछोगी
तीसरे दिन तुम पूरा श्मशान घूम
थककर अपनी जगह लौट आओगी
चौथे दिन तुम्हें जमुना में बहा दिया जाएगा
तुम मछलियों में गुम हो जाओगी

1994

कबूतर

आँख खुलते ही
छत पर जा पहुँचती हूँ
आकाश को देखती हूँ
परिन्दों के झुण्ड क़तार बनाये
तेज़ी से उड़ते जा रहे हैं
जैसे वर्णमाला के
क ख ग घ ङ
पाँच पाँच की
आठ पंक्तियाँ उड़ रही हैं
पीछे से तीन पक्षी
ष स ह
अपनी एक अलग पंक्ति बनाये हैं
देखते ही देखते एक ग़ायब हो गया

1997

मुझे कहीं जाना था

मुझे कहीं जाना था
समय ख़रीदने
स्वप्न बोने
हड्डियों का गाना सुनने
रेत का आशीर्वाद लेने
निराशा को पेड़ पर टाँगने
चूहों को आकाश में दौड़ाने
शेर की दहाड़ के पंख काटने
जंगल की चुप्पी को भाषा देने
नानी के मन्दिर
दुर्गा पर चढ़े
ताँबे के पैसों को बटोरने

1991

चाँद

वह पैर के अँगूठे के नाखून सा
खड़ा
मेरे बायें
अकेला

वह उस हँसली सा
हँसता
खड़ा
शापग्रस्त

वह उस ख़रबूजे की फाँक सा
खड़ा
तिरछा देखता
आँगन के बीच
जहाँ लेटा है बच्चा हाथ पाँव मारता

वह गाय के खुर सा
लटका
चोरों और चमेली को
रास्ता दिखाता

मेरे कान में कुर्र करता
मुझे चौंकाता है

1994

गोले के रेशे पकड़ नहीं पाती

धूप में बदल गया है वह
नारियल के रेशों सा
फैल गया है
रेशों को अपने चारों ओर सजाता
पर्वत लाँघता
समुद्र फाँदता
जंगल की चुप्पी सा
बढ़ता जाता है
उल्लू और चमगादड़ को अंधा करता
ऊपर उठता जाता है
गोले के रेशे गिनती हूँ
पकड़ नहीं पाती

1995

तुम कब आ रहे हो

आज मन कर रहा है
सूँघने को सरसों
देखने को मेथी
छूने को गेहूँ की बालियाँ
सुनने को तुम्हारी आवाज़ों के चावल
तुम कब आ रहे हो

पुतला शब्दों का

1.

मैं शब्दों को दुःख दे कर
सुख पाती हूँ

2.

पकड़ने की कोशिश में उनको
मसल देती हूँ

3.

रहट के समान उनके इर्द-गिर्द
घूमती रहती हूँ

4.

घड़ती हूँ पुतला शब्दों का
वह बोलने लग जाता है तो
चुप हो जाती हूँ

5.

शब्द चले आते हैं नंगे
मैं ही उनको कपड़े पहनाती हूँ

6.

मैं शब्दों की फ़ौज तैयार कर
धावा बोल देती हूँ
कोरे काग़ज़ की पृथ्वी पर

7.

मैं पन्नों पर ही पैदा करती हूँ
अपना परिवार

1991

यदि मैं लिख सकती जवानी में

यदि मैं लिख सकती
जवानी में
जीवन एक जलती चिता होता
आकाश घर
पहाड़ आग
फूल काँटे
सूरज सुकून देता
चाँद विरह
किसी के प्यार का भूत घेरता
शब्द चीख़ते
गिलहरी अधखाये अमरूद गिराती
तोता नाम की माला फेरता
मैं तितली के संग
डाल डाल उड़ती
उल्लू की तरह सचेत

दृष्टि दोष

मेरी आँखें ख़राब हो गई हैं
मोर को साँप और साँप को मोर देखती हूँ
पत्तों को पलंग और पलंग को पत्ते
सब्ज़ी वाले के पास जाने से डरती हूँ
कहीं कटहल को अमरूद या
अमरूद को पत्थर न कह दूँ
डरती हूँ कागज़ को पानी और
पानी को कागज़ न मान बैठूँ
चिड़िया को शायद अब भी
चिड़िया ही देखूँ

1992

किसी-किसी दिन

किसी-किसी दिन
घर नीले जंगल में बदल जाता है
मैं चलने मचलने लगती हूँ
पेड़ों के नीचे
लम्बी घास में
मन प्रसन्न
मस्तिष्क प्रखर
जायज़ा लेती रहती हूँ
न जाने किस चीज़ का
जंगल की शाँ-शाँ में अकेली

किसी-किसी दिन
इच्छाएँ आकार बदल लेती हैं
मन आत्मा की चाबुक से डरता है
हाथ-पाँव हल्के हो
उड़ने लगते हैं
देह के भार को यहीं छोड़

किसी-किसी दिन
सोते ही सुन पाती हूँ

चुप्पी की आवाज़ें
कविता की सरगोशी
अँधेरे के अद्‌भुत दृश्य
दानव देवता आकाश में
नीचे ऊपर जाते

1996

गोरी पड़ोसिन की माँग

तुम लिखो
कहती है वह गोरी पड़ोसिन
वह ख़ुद नहीं लिखती
वह दूसरों के लिखे को पियानो की सुरों में उतार
हर सुबह
हवा में बिखेर देती है
मैं इन सुरों में उसकी आयु को सुनती
खिड़की के पास खड़ी
बरतन धोती रहती हूँ
वह फिर कहती है
तुम लिखो
मैं कहती हूँ मुझे लिखना नहीं आता
वह फिर कहती है
तुम लिखो
अपने बारे में या अपने पति के बारे में
तुम्हारी आँखों में जो छिपा है
उसे ही लिखो
मैं कहती हूँ मुझे लिखना नहीं आता
वह मुस्कराती है
कहती है तुम रेनुआ का चित्र हो

तुम एक झरना हो
तुम लिख सकती हो
लिखो

1990

जो कहना चाहती हूँ

एक कविता लिखना चाहती हूँ
लोहार की धौंकनी जैसी
जो कहना चाहती हूँ
कह नहीं पाती
बिल्ली खा गई आदमी
आदमी निगल गया घड़ियाल
नभ की पूँछ में हिल रहे हैं
पृथ्वी के स्वर्ग
कबूतर उड़ाकर ले आया
हवाई जहाज़ को नीचे
डराता
धमकाता
मुँडेर पर बैठ जाने के लिए

मैं अक्सर
अपनी आवाज़ को
अनसुनी कर देती हूँ

1991

कविता के ढोंग निराले हैं

1.

कविता के ढोंग निराले हैं
दरवाज़े पर खटखट करती
आ जाती है
यादों के भूत लिए
मैं ख़ुश हो जाती हूँ
काग़ज़ को उसके आगे रख
आँखें बन्द कर लेती हूँ जैसे
माँ कर लेती थी
ताकि भगवान भोग लगा ले चोरी से

2.

बूँदें जल को बदल रही हैं
कविताओं में
मैं एक-एक बूँद को
अलग कर रही हूँ
पानी से

1996

हवा को निचोड़ कागज़ में भर देती हूँ

शब्द सुन्दर कटे
आलुओं के टुकड़ों से
एक से
उनकी माला में पिरो सकती हूँ
पर उनकी सहजता से घबराती हूँ
उन्हें घूरती घूमने निकल जाती हूँ
लौटने तक वह रंग बदल चुके होते हैं
हवा ने उन्हें गहरा कर दिया है
हवा को पकड़ समझाती हूँ
वह नहीं मानती
डाँटती हूँ
तो फिर न आने की धमकी देती है
हार मान लेती हूँ
वह दिन भर घर में ऊधम मचाती
तोड़-फोड़ करती है
मैं थप्पड़ लगाती क्रोध में
पछताने बैठ जाती हूँ
हवा को निचोड़ कागज़ में भर देती हूँ

1991

सैर

आज सड़क पर कोई नहीं था
एक ख़रगोश और मेरे सिवाय
हम दोनों डर रहे थे एक दूसरे से

आकाश में बादल भी नहीं थे

किचन गार्डन में हरी तोरी लम्बी हो रही थी
दूसरे पौधे की जगह लेती

1992

गिलहरियों की याद में

गिलहरियाँ नहीं आयी थीं यहाँ
मेरे सामान के साथ
वह चाहती थीं आम और पीपल
को भी अपने साथ लाना
आम कैसे छोड़ता अपना घर और
पीपल तो बना बैठा था वहाँ का पोप
गिलहरियाँ व्यस्त थीं छाँटती फल
खोज में उन अक्षरों की
जो मानो छिपे हों उन फलों के अन्दर

1994

दिन भर देखती हूँ

1.

मेरा शरीर एक खोखा है
जिसमें एक ख़ाका खिंचा है
आँखें चेहरा हाथ पैर दिल
उसमें छिपे अनेक उद्गार
सागर की तरह छलाँगे मारते
पता नहीं किस चित्रकार ने खींचा है यह ख़ाका
वृक्ष का एक पत्ता दूसरे से मेल नहीं खाता
फिर भी देखती हूँ अपनी आँखों में तुमको
तुम्हारी में अपने को
भिन्नता के बावजूद
नहीं जानती मेरे दूसरे भागों में भी
सूर्य का प्रकाश वैसा ही पड़ता है

2.

मेरा दानव मुझे डराता है
नंगा करने की धमकी देता है
जो लिखती हूँ वह पढ़ने की कोशिश करता है
किसी भी शरारती बच्चे की तरह पन्ने फाड़ सकता है

मैं उसे बहला पढ़ कर सुनाती हूँ
कभी एकान्त में
कभी खेतों में
जो करती हूँ वह साथ करता है
साथ खाता पीता सोता है
लगता है मेरा जीवन कुछ भी नहीं
सिवाय भीतरी आवाज़ों के

3.

लगता है कहीं कोई मुझे याद कर रहा है
हवा से मुझे बुलाने को कह रहा है
जब देखती हूँ हवा किसी और के चक्कर में
तेज़ी से निकल जाती है मेरे सामने से
मैं उसको धन्यवाद देती
फिर अपने को देखती हूँ
कि मैं हूँ
हूँ मैं भी

4.

चाँदनी चाँद से भाग रही है
भीतर की मकड़ी ताना बुनने में लगी है
आँखें खुली हैं
विचार सावधान है

मृत्यु घोड़े पर सवार पीछा कर रही है
मैं आँखों के आकाश में
अधमरी लटक रही हूँ

5.

शब्द लहरों की तरह
हुड़दंग मचाये
झाग में नमक सँभाले
दौड़ लगाते हैं
सिर के बालों की तरह बिखरे दिखते
जड़ों से मज़बूत बने रहते हैं
भीतर हँसते फटते
ज़ख़्मी करते रहते हैं
मैं हड्डियों को बचाती रहती हूँ कहीं
उनसे चिपके न रह जाये
सिर की जुओं की तरह चुन चुन कर
उन्हें बाहर निकालती रहती हूँ

धक्के

सिर के बायें
अगली तरफ़ से
अन्दर ही अन्दर
नींद में
धक्के लग रहे थे
आग की उठती लपटों से
महसूस हो रहे थे
झूलों जैसे
पेट में चलती रेलगाड़ी से
भागते
ऊबड़-खाबड़ बंजर
ऊँचे नीचे
टिब्बों से दिखते

1993

संसार मुँह खोले बैठा है

1.

संसार मुँह खोले बैठा है
झटकों में बोलता
क्या वह
निगलता रहेगा असंख्य प्राणी
उसकी भूख कब शान्त होगी
समुद्र को कौन पी सकेगा
सूरज को कोई ठण्डा कर पाएगा
संसार का मुँह
कौन बन्द करेगा
पत्तों को गिरने से
क्या कभी कोई रोक पाएगा

2.

हर चीज़ उड़ रही है
समय रोशनी और पहाड़
दोस्त एक-दूसरे के बाद जा रहे हैं
हम झोंक रहे हैं आग
अपनी इच्छाओं की

उस दिन के इन्तज़ार में जब
झोंकने को कुछ नहीं रहेगा
बर्फ़ की तरह पत्थर दिखते
मछलियों और केकड़ों में लुप्त हो जाएँगे

1996

हर रात घर बदलती हूँ

1.

स्कूल बन्द हो गया है
सब चले गए हैं
हम भी कहीं जा रहे हैं
सामान बाँधने में देर हो रही है
दरवाज़े खुले छोड़ भागती हूँ
रास्ता पहाड़ी है
एक घर में सामान रखती हूँ
हर सुबह आख़िरी नये घर को
पकड़ने की कोशिश करती हूँ
वह धुन्ध में फिसल रहा होता है
2.
सामान उठाए हम दोनों जा रहे हैं
सड़क के दोनों ओर घर हैं
लोग आधी सड़क तक फैले हुए हैं
कुछ दुकानें भी घरों में हैं
हम ऊपर का कमरा किराये पर लेते हैं
कपड़े इकट्ठे सूख रहे हैं
रात होते ही हम वहाँ से चल पड़ते हैं

कुछ कपड़े ग़लती से साथ वालों के चले आते हैं
उनको अलग कर वापस पहुँचाने की सोचती हूँ
कपड़े रेडियो स्टेशन पहुँचा देती हूँ
एक नया कमरा नीचे का खोलती हूँ
सामान भीग चुका है
सेहन में रस्सियों पर कपड़े टाँग देती हूँ
कुछ टूटने की आवाज़ से नींद खुल जाती है
अपने को बेटी के घर पाती हूँ

1995

पौ फटती है

पौ फटती है
मुल्ला और मुर्ग़े की बाँग सी
जगाती चिड़ियों को
कबूतर की गुटरगूँ को
पहाड़ पर सोये सूरज को
जो नाचने लग जाता है
पौ को कुचलने के लिए
मैं चूमती हूँ हाथ
देखती दीवार
ऊँची और धुँधली

1996

दुःख सूराख़ करता है

1.

बूढ़ा कदम्ब
उबासी लेता है

रंग बिरंगे चिथड़े लटकते देख
एक चिथड़ा मैं भी बाँध देती हूँ

2.

मैं पानी और पुल से डरती हूँ

3.

दुःख सूराख़ करता है
हड्डियों में चुपचाप

1992

जुगनू सा चमकता प्रेम

जीवन की जगमगाती रोशनी में
देखे अनेक आलोक
जुगनू सा चमकता प्रेम
बिच्छू बूटी के घाव
पास उगी पालक से राहत पाते रहे
पगडण्डी पर चलते देखा
नीचे का पहाड़ पेड़ों से घिरा
नदी पर झुका
सड़कों पर चलते वाहन
आकाश में घूमते बादल
केले की प्रसन्नता
नीबू की शरारती आँखें
चिड़ियों की खाँसी
बच्चे स्कूल से घर जाते
रोमांचित शरीर सुन रहा होता शहनाई
धूप का टुकड़ा धो रहा होता फ़र्श

2000

सन्नाटे के इर्द-गिर्द

1.

सन्नाटे के इर्द-गिर्द
यादों की काई है
माँ सुन्दर फीकी बीमार
कोरे बिस्तर से उठ
चिन्ताओं से चिपकी
पिता से रूठी
कमज़ोरी में डूबी
चल देती है
किसी और के साथ चुपचाप

2.

माँ का घर बिस्तर में
जागती भी सोये रहती
पसीने में नहाती बार-बार
उसकी बाँहें उसकी
आँखों के पर्दे
उसका मस्तिष्क तेज़
मैंने विरसे में ली हैं उसकी चिन्ताएँ

मदारी के बन्दर-सी
चलती हूँ रस्सी पर
ससंकोच सन्नाटे में

3.

माँ कहती थी
तारे मत देखो
मुट्ठी बन्द कर लो
जब तारा टूटता
मैं कानी आँख से उसे देखती
लगता कोई लाश
आकाश चीर रही हो

4.

धूप पिछले पाँव पर खड़ी है
पत्ते अपनी सोच खो चुके हैं
ऐलबम से माँ की और अपनी
तस्वीर निकाल लेती हूँ
मैं शायद आठ की थी
माँ पच्चीस की
मैं हाथ लटकाए खड़ी हूँ
आँखें बन्द
अँधेरे में खोई

सोचती हूँ माँ की अस्थियों के बारे में
जब वह उड़ी थीं
गंगा में डूबने से पहले
अन्तिम नसीहत के साथ

1996

माँ नाले बुनती थी

माँ नाले बुनती थी
अपने ख़ाली समय में

मकड़ियों से चलते उसके
हाथ
भिन्न-भिन्न नमूनों में उलझे रहते
जो उसके मस्तिष्क से
एक एक शब्द की तरह आते जाते
माँ के गोल गोरे हाथों में
सफ़ेद नीला पीला बसवारी रेशम
उसकी कथा लिखता जाता

माँ पूरा उपन्यास नाला बुनते
दोहरा जाती थी
वह सोचती
यदि वह कुछ दिन ठीक रही
तो कई उपन्यास
लिखेगी

अपनी उस मित्र के बारे में

जिसकी गली में
एक पागल अपने पाजामें का
नाला पकड़े
दिन भर घूमा करता था
या
उन गोरों के बारे में
जिनकी स्त्रियाँ
नंगे सिर
नंगी टाँगे किए
पराए मर्दों के संग नाचा करती थीं

माँ सोचती उसके गोरे होने से क्या
काश वह अँग्रेज़ी बोल सकती
और गोरों की पत्नियों से
बातें कर पाती

1992

माँ की सीख

माँ कहती थी
　　　　लड़की हो
　　　　नंगी मत नहाओ
लड़कों के संग मत खेलो
उनकी आँखों में देखोगी तो
गर्भ ठहर जाएगा
　　　　अकेली मत जाओ कहीं
　　　　मित्र के भाई से मत बोलो
स्कूल से लौट
होमवर्क करो
सुबह सवेरे पाठ रटो
　　　　स्कूल की किताबों के सिवाय
　　　　कुछ मत पढ़ो
　　　　उपन्यास और कविता तो बिल्कुल नहीं
भाई से मत लड़ो उससे प्यार करो
पिता से फालतू बातें मत करो
सम्बन्धियों से तो बिल्कुल नहीं
　　　　लड़की हो खाना बनाना और सब कुछ सहना सीखो
　　　　जो कहा जाए बिना मुँह बनाये करती जाओ
माँ की 'मत' सूची लम्बी थी

जो अब भी लटकी है
मन में चुटिया-सी

1991

माँ उस दिन ख़ुश रहती थी

पंचांग से पिता
मकर संक्रान्ति की तिथि
माँ को सुनाते थे
वह शुद्ध मन से
सिर ढके
अपना दायाँ हाथ तीन बार चूमती
चीनी चाटती
'खैर दी भागे भरी' कहती
लगता वर्ष को तीन भागों में बाँट रही हो
माँ अपनी सब बीमारियाँ भूल
ख़ुश रहती थी उस दिन
मोरनी की तरह

माँ

माँ पढ़ती थी तिलिस्मी
चन्द्रकान्ता सन्तति
अलिफ़ लैला
शीरीं फरहाद
पढ़ डाले थे उसने
हिन्दी उर्दू में बहुत से उपन्यास
कभी कभी किताब बीच में छोड़
शीशे के सामने खड़ी हो
बाल सँवार रंग बिरंगे क्लिप लगा
पाउडर लीप
अपने को देखती रहती
फिर कुछ सोच
साड़ी का पल्ला उलट
ऊँची ऐड़ी पहन
गोरी मेमों सी चलती
सत्यनारायण की कथा सुनने
स्लीपरमुंशी के घर चली जाती

दादी की याद

बेसन की ख़ुशबू वाले
ये भुने चने
अधनंगे चने
मुझको पागल कर देते हैं
दादी की याद आते ही
दादी का पिचका मुँह
हिलता नज़र आता है
दादी की कहानियों में से
ये फिर
—एक एक दाने सा
अलग दिखते—
बोलने लगते हैं
वह भाषा
जो मैं भूल नहीं पाती

1993

वावलोचना

हवा के भंवर को
दादी
वावलोचना कहती थी
और
कहा करती थी
वावलोचना भूत होता है
उसके
बड़े-बड़े दाँत होते हैं
उसकी आँखें
दूर-दूर तक देखती हैं
वह दोपहर को
जंगलों में अकेला
घूमता रहता है
ताक में
किसी को मारने की
भंवर में
उसको फँसा कोसों दूर
ले जा पटख
उसे अधमरा कर
बहुत दुःख देता है

और आख़िर में उसको
उसकी प्रार्थना पर
मार देता है
वह घेरता है
भोले-भाले लोगों को ही
मैं अब भी उससे
और
उसके नाम से
डरती हूँ
देखते ही उसे फांसी दे देती हूँ
रेत को चक्कर में घूमते देख
दादी के भूत को याद करती हूँ

1993

नानी के वाक्य : मेरी कविता

जब सूर्य अस्त होने को होता है
परछाईं लम्बी होती जाती है
टाँगों का दर्द बढ़ जाता है
उदासी घिर आती है
पौधे भी अकेले हो जाते हैं

नानी के वाक्य याद करती हूँ
वह कहती थी
परछाईं मत देखो
जल्दी-जल्दी संध्या टालो
बत्ती जलाओ
झाड़ू न लगाओ
बैठकर कोई मन्त्र पढ़ो

यह सब कविता में घुस आता है
मैं डर जाती हूँ
जब कविता भी
उस परछाईं-सी लम्बी
होती चली जाती है

1989

नानी की गन्ध

नानी का तन्दूर तीसरी मंज़िल पर था
शाम ढलते ही
चिड़ियों के संग
नानी भी नीचे-ऊपर उड़ती रहती थी
धुली मूंग की दाल
गाय का कच्चा दूध
तन्दूर की ताज़ी सिंकी रोटी
खालिस घी में रची हुई
नानी के कपड़ों में खट्टी-मीठी गन्ध छोड़ती
घड़वंजी पर रखे घड़े से
ठण्डा पानी पी
पेशाब की बदबू के पास हम सब
नानी की कहानियों में घुसकर सो जाते थे
नानी साथ वाले कमरे में हुक्का गुड़गुड़ाती
मुल्तानी मिट्टी खाती रहती थी
मेरी नींद खुल जाती तो नानी
मेरे मुँह में भी
मिट्टी का टुकड़ा डाल
इशारा करती—चुप्प
मैं उसके मीठे तम्बाकू में मस्त

उसकी गोद में गोबर से लिपे फ़र्श पर लेटी
उसकी गुड़गुड़ में
एक और कहानी सुनती सो जाती थी

1993

लड़की के जीवन का गीत

लड़की खेल रही है
गेंद से
अपने जीवन का गीत
"माँ मेरी रानी
बाप मेरा राजा
सोने का दरवाज़ा
एह दरवाज़ा किसनूँ देवाँ
देवाँ सच्चे वीर नूँ"
लड़की अपना हक़ खो रही है
खेल खेल में

1991

स्त्री हो प्रश्न मत उठाओ

मेरी कविताओं को पढ़
लोग कहते हैं कुछ अलग सी हैं
मानो किसी नीच जाति की हों
मानो कह रहे हों स्त्री हो कर इतनी हिम्मत
मानो अपने ढंग से स्त्री के कहने को रद्द कर रहे हों
मानो कह रहे हों पागल हो
आदमी के बारे में ऐसा मत लिखो
मानो मैंने कोई घोर अपराध या पाप कर लिया हो
मानो कह रहे हों इकट्ठे मिल कर एक ही आवाज़ में
लिखना छोड़ो समाज के क़ानूनों में खलबली मत मचाओ
रसोई में रोटी पकाओ और चुप रहो
वही नारीत्व है बोलना अश्रद्धा है
स्त्री हो तो प्रश्न मत उठाओ

सहमी रही

अकेलापन बढ़ता ही जा रहा है
सुबह की सैर सा धीरे धीरे बढ़ता जा रहा है
हर रोज़
याद करती हूँ पिता को कहते
जाओ माँ के साथ कुछ क़दम कर आओ
अकेले जाना तो मना था कहीं भी फालतू बातों की तरह

माँ को अपनी बीमारी की चिन्ता थी
और मुझे सुघड़ बनाने की

यदि वह ऐसा नहीं कर पायी
तो खुद असुघड़ कहलाएगी

सहमी रही जीवन भर
डरती अपने से ही
कबूतर की तरह गरदन हिलाती
अपनी आँखों को हर एक की आँखों से बचाती

क्योंकि तुम लड़की हो

तुम थक जाती हो
घर का काम करते
चौका बरतन कपड़े से निपट
तुम खेलना चाहती हो
अमीर लड़कियों के साथ
अपने से आधे वज़न के भाई को उठाये
उसे चुप कराती हो
माँ जब केला देती है
पहले भाई को फिर तुमको थोड़ा सा
तुम कुछ नहीं बोलती
क्योंकि तुम लड़की हो
पीठ पर चढ़ा एक हाथी

1991

जहाज़

चाँदनी रात में समुद्र भी दूधिया हो जाता है
लहरें कल्लोल करती
मेरे जहाज़ को धकेलती उछालती हैं
चन्द्रमा मेरे केबिन की गोल खिड़की से
झाँकता मुझे अपने होने की याद दिलाता है
उस शोर के बीच जब
मैं सोच रही होती हूँ अपनी
दूधमुँही बच्ची के बारे में
जिसे छः महीने की छोड़ मैं जा रही थी दूर दूर दूर
पूरे छब्बीस दिन पानी ही पानी देखती
आकाश भी पानी में बदल चुका होता है
मेरी आँखों से पानी खींचता

1993

अल्का

छोटे छोटे डग भरती
सफ़ेद बूटों से खटखट करती
भाग रही है अल्का
जब वह सोती है
समय खड़ा हो जाता है
जब वह रोती है
पृथ्वी डर जाती है
काला कुत्ता भी गाने लग जाता है

बच्चे

1.

हवा आज बन्द है। आकाश बर्फ़ के धुएँ में बदल चुका है। पीले पेड़ खड़े हैं। पत्ते झर रहे हैं। चार साल की बच्ची इन्हें उड़ते देख कहती है—पुराने पत्ते गिरकर कविता में बदल जाते हैं

2.

बच्चा दिन भर
ऊपर नीचे
नीचे ऊपर
कुत्ते के पीछे भागता है। कुत्ता छिपता फिरता है।
बच्चा जानवर को मनुष्य बनाना चाहता है

3.

बच्चे खेलते हैं
घर सरकस में बदल जाता है
बूढ़े-घोड़ों और झूलों में

4.

घर में चुप्पी है। गुब्बारे फूँक निकाल रहे हैं।
हम बच्चों के इधर-उधर छोड़े
चित्र और रंग सहेज रहे हैं

बाँझ

उसकी वह चीनी धुली आवाज़
कुएँ सी गोल मुस्कराहट
अपने मुँह से
पैदा करना चाहती थी वह
जो अपनी कोख से न कर पायी

उस पीपल की छाया में

उस पीपल के पेड़ पर पानी नहीं चढ़ता था
उसके नीचे बैठा मोची
दिन भर चमड़ा कूटता था
नाई सिर मूँड मूँड कर
बालों के ढेर बोरों में भरता था
और दोहरा जाता उस मोहल्ले का पूरा इतिहास
जहाँ भूलता मोची अपना काम छोड़
उसको याद दिला देता
साँप या बिच्छू अक्सर मार दिए जाते थे
बकरियाँ बँधी रहतीं वहीं छाया में
खातीं कोंपलें उस पीपल की
बकरीद के इन्तज़ार में दिन गिनती

1992

आदिवासी देवता

दोपहर की घुली-मिली ठण्ड से कमरा
एकदम गरम होने लगा
नभ नीचे आकर हाथ मरोड़ने लगा
दायाँ हाथ काँपने लगा

दायाँ हाथ लिख रहा था कविता
आँख खुलते ही
कविता उड़ने लगी
इमली का पेड़ हिला
शायद लंगूर आया होगा
गिलहरियाँ दुबक गई थीं
उस गुलेल वाले लड़के से
उस बुढ़िया के घर

देखते ही देखते
वह आदिवासी देवता
करने लगे नाच ढोल के साथ
उनकी आवाज़ें
आम के पेड़ ने बाँध ली थीं
डण्डों और घुँघरुओं की आवाज़ों से जब

खुली निद्रा मेरी
वे चार आत्माएँ
जो इमली के पेड़ पर
छाई रहती थी
अब तीन रह गई थीं

1993

स्वामीनाथन की याद में

पहाड़ अकेलेपन में
ऊँचा उठता रहता है
तुम्हारे हाथों से निकली चिड़िया
चोटी पर बैठ
ऊँच-नीच को देख सोचती है
सर्प तुम्हारे डर की रक्षा करते हैं
पहाड़ों के इर्द-गिर्द घूमते
तुम्हारे काले सफ़ेद के बीच
लाल रंग एक जीभ
चखती है विष
उन सर्पों की सुन्दरता का
जिन्हें तुम पकड़ते हो
तुम्हारी आँखें वशीकरन के मन्त्र-सी पीछा करती है
तुम्हारी हँसी त्रिशूल-सी डराती है
तुम एक अनोखी प्रतिमा हो
साँप-बिच्छुओं के ज़हर को रंग देती

1996

तक्षक

वह काले साँप-सा
अँधेरे में
पढ़ता-सुनता रहता है
ताक में बैठा
तक्षक

1990

आकाश

ख़रबूज़े की पतली फाँक
हाथ में लिये

प्रतीक्षा कर रहा है
आकाश

1991

दो वृक्ष

1.

साथ-साथ रहते हैं
दिन रात
डरते हैं
किसी एक की छाया
खिसक न जाए
अकेली ही

2.

इन दो पेड़ों के कट जाने से
घर घर नहीं
दियासलाई की ख़ाली डिबिया हो जायेगा

1991

दर्पण में प्यार

1.

अपनी हर हरकत में देखती हूँ तुम्हारे तौर तरीक़े अपनी बातो में
तुम्हारे ढंग
तुम्हारी बातों में देखती हूँ अपना बिगड़ा रूप जब तुम बहस में
कूदते हो आवाज़ उछालते गेंद सी ऊपर बाँहें फैलाते
उन्हीं फैली बाँहों में सब पढ़ जाती हूँ
अपने बारे में बाहर धूप में
धूप की नक़ल उतारते
किताब के पन्नों से कुछ कहते
भीतर ही भीतर किसी से छिपकर

2.

तुम्हारी आवाज़ की दहशत को मैं छू नहीं पाती पर
उड़ती रहती हूँ उसी पर

3.

तुम्हारे आरोप भी बूढ़े हो रहे हैं एक एक कर के
मैं इनको फालतू घास सी उखाड़ती रहती हूँ

4.

तुम्हारा प्यार भी सड़क के बीचोबीच एक लटका झूला है जिस पर
मैं झूल नहीं सकती सरे आम

उस पेड़ से लटक रही थीं यादें

उस रात कोई चला आया था
घर के अन्दर मेरा पीछा करता
सोने वाले कमरे में भी रहा साथ
नींद नहीं आई उस रात
वह पेड़ अचानक बड़ा हो गया था
जिसका बीज निगल लिया था
मैंने बचपन में
उस पेड़ से लटक रहीं थीं यादें
उस रात मुझे डर था
अँधेरे में मुझसे वह
सब कुछ बुलवा लेगा

१९९१

तुम एक तिनके की तरह

जब तक रहूँगी
तुम एक तिनके की तरह
मेरी आँखों में अटके रहोगे
मेरे फेफड़ों में
बलगम बने गरजोगे
मेरी पसलियों में
बादल से भटकोगे
मेरी साँसों के धुएँ को पढ़ने के लिए
मेरी कविताओं को खोलोगे
सन्नाटे में जो
चर्र चर्र कर रही होंगी

1994

ज़हर

मैं दवाई नहीं खा सकती
मिठाई खा सकती हूँ
दवाई में ज़हर खींच रही हूँ
या मिठाई से
नहीं जानती
शिवजी की तरह विष पी कर
मस्त रहना चाहती हूँ
आँखों में हलाहल लिए बौराती हूँ
लोग विष के आकर्षण से
खिंचे चले आते हैं
मैं उनसे ऊब चुकी हूँ
खोज रही हूँ एक नया रस
मीठा न फीका

1993

मैं लदी हुई हूँ चीज़ों से

मैं लदी हुई हूँ चीज़ों से
हवा की तरह
ख़ाली रहना चाहती हूँ
अँधेरे की तरह विस्तृत
समुद्र की तरह गहरी
मेरे मस्तिष्क की भूल
सुबह शाम को निगलती
आज और कल में बदलती जा रही है
सवाल सीढ़ियाँ चढ़ रहे हैं
मेरे ही सामने
आँखें ऊपर ऊपर ऊपर जा रही हैं
हर आहट के पहले

पत्थर को शब्द तोड़ते हैं

मैं बनी रही मोमबत्ती
जीवन भर
चट्टान बन जाना चाहती हूँ अब पल भर
मुझ में बहुत कुछ छिपा बैठा है
मेरे टूटने पर ही शायद दिख पाएगा
अँधेरे में सूरज नहीं दिखता
पत्थर को शब्द तोड़ते हैं
अँधेरे में ही

1993

शब्द आरे की तरह

शब्द आरे की तरह
चीरते हैं लकड़ी
और जाले की पतली दीवार
और घर भी
जहाँ कोई मकड़ी
बुन रही होती है जाला
एक-एक पतली तार से

1992

हाथों की भाषा

हाथों की भाषा मैं भी
नहीं जानती

तेरा आना होना मरना
रहता है जीवित
माँ के हाथों में

हाथों में है भविष्य
केवल मनुष्य का
चिड़ियों का भविष्य
किस ने देखा है

हाथ पृथ्वी से
उपजाते हैं फूल और धतूरा
जिसको जो चाहिए वह
जा कर चुन लेता है

हाथों की गाथा
चकली पर घूमते सूत की तरह है

हाथ चोरी करते हैं
फूल चढ़ाते हैं
खाल उधेड़ते हैं

हवा की तरह
हाथ धो डालो
इस व्यर्थ सरदर्द से
कहता है भाई
टन्टा ही ख़त्म करो
इसी में है भलाई

1992

सर्दी

जाड़े की पहली बर्फ़
पहाड़ों से
सर्दी भेज रही है नीचे
मैदानों की गहमागहमी में
काला कुत्ता चुप्पी निगलता
सोया रहता है
अपनी बारह वर्ष की यादों में गुम
आँखें मूँदे
जगह बदलता बार बार
जाड़े को एक जानवर के रूप में देखता
घर भी सोया रहता है
स्वप्नों में मरे हुए लोग हमें
मिलने आते हैं

हम उनके साथ नहीं जाते

1999

एक याद

इंजन से आती भरी अँगीठी
लाल अँगारों से दहकती
जब घर आती
पक्का कोयला डाल दिया जाता
भोजन पकता
कभी कभी पड़ोसी भी अँगारे और अँगीठी ले जाता
मोटा कोक अँगीठी में धुआँ छोड़ता रहता
लगता आग ज़िन्दा है
हम जीवित हैं
राख के ढेर हैं
शकरकन्दी उसी में दबी पक रही है

1995

मृत्यु की हँसी

मृत्यु कसती है एक तमाचा
हँसती है
आत्मा उस हँसी के पीछे हो लेती है
छानती ख़ाक
चिल्लाती है
सुनती अपनी ही आवाज़
हँसी गुम हो जाती है
आकाश के छिद्रों में
आत्मा अपनी ही गूँज में गूँजती रहती है

समय जा रहा है

कोई हरिद्वार जा रहा है
कोई परलोक
कोई अपने गुमलोक में ही बैठा है
गोल-गोल शब्द पेड़ों की क़तार-से खड़े हैं
देखते हड्डियाँ करोड़ों सालों की
गंगा में धँसी

1996

मृत्यु

1.

मृत्यु आयी थी कई बार
लगता है अब आयेगी
आख़िरी बार
चली जाऊँगी मैं ही
कमरे के बाहर
मेरे कपड़े बाँट दिये जायेंगे
मेरी गन्ध को मिटाने के
कई यत्न किये जायेंगे
मृत्यु रेंग रही होगी
सिर में जुओं सी
डोल रही होगी, सिर पर
कौवे सी

2.

मृत्यु आ चुकी है
लगता है
सरकण्डे वाले जंगल तक
मौक़ा पाते ही

झपट पड़ेगी
उस उड़ती चील सी

वह समझ बैठी थी
घर अपना है

3.

अभी अभी एक नौका आयेगी
जिसमें बैठ कर मैं चली जाऊँगी
फिर शायद ही कभी
इस बन्दरगाह पर आ पाऊँगी
उस नौका के मस्तूल
यात्रियों की चीख़ों से उड़ रहे होंगे
तेज़ हवा बाक़ी की नावों को उखाड़ रही होगी
तारे मेरी नौका को रस्सी से बाँध
नभ के बीच घुमायेंगे
बादल नीचे आ कर समुद्र को लपेट
ऊपर उड़ जायेंगे
मैं शायद अपनी कोई बूँद
भेज सकूँ उनके हाथों
नभ के ऊपर

4.

एक हाथ लम्बी कनकोल ने सिर उठाया था
जब उस महिला ने आ कर मुझको बुलाया था
मैं भाग रही थी समुद्र की ओर
लहरों ने मुझको रोका था
कनकोल ने रास्ता न पा
अपने आपको समेट लिया था
उस रात रात ने अपने कमण्डल में
दिन को भर कर रख लिया था पास

1994

मुँह में तिनका दबाये

वह प्रतीक्षा में कसी रही
सुनती पदचाप
जब मृत्यु आयेगी लेने
वह मुक्त हो जायेगी उस दिन
हर रात नया घर बदलने से

वह प्रसन्न है बैठी
फूलों की उदासी में
हर दिन
हर क्षण
सार्थक जीना चाहती

जीवन उसका गिलहरी को समझने में ही गुज़र गया
नज़र की दौड़
उसकी दौड़ के पीछे घूमती रही
मुँह में तिनका दबाये
एक पेड़ से दूसरे पर
नीचे ऊपर फिसलती रही
पर रहस्य पकड़ में नहीं आया
कोई कभी भी

पेड़ रात भूत प्रश्न

माँ कहती थी
रात को पेड़ों पर भूत सोते हैं
पेड़ों के नीचे नहीं खड़ा होना चाहिए
पेड़ भूतों की रखवाली करते हैं
या भूत पेड़ों की?
चिड़िया पेड़ों से प्रेम करती है या
पेड़ चिड़ियों की चोंचों में
अपना बीज डालते हैं?
उत्तर की प्रतीक्षा में
सारी उम्र खड़ी रही
एक ही पेड़ के नीचे

1992

पेड़ एक टाँग पर खड़ा

टाँगों की नाडियों में कभी कहीं
कभी कहीं
झगड़ा हो रहा है
कोई नाड़ी डर जाती है
कोई क्रोध में उफ़न कर
थोड़ी देर के लिए सूज जाती है
पेड़ों की जड़ों की तरह जो
झगड़ती रहती है धरती के नीचे
पेड़ अपनी एक टाँग पर खड़ा
छतरी लिए
सुनता रहता है सब

1993

क्या अटका है जीवन अभी तक वहीं

बचपन की एक एक साँस को
छत और दीवारों में खोजती
उस घर के चूने में छिपी
माँ के बुखार की गन्ध सूँघती
भैंस के दूध की कच्ची झाग को
अँगुली से चाटती
सूखती चरी की बास में डूबती
आँगन में लटके झूले पर झूलती
उन फफोलों को फिर देखती जो
गर्म तेल के छींटों से उभरे थे
क्या अटका है जीवन अभी तक वहीं

दर्द देता है जन्म नयी भाषा को

हवा की तरह दर्द दिखता नहीं
खा जाता है दीवारों को
उखाड़ देता है चट्टानों को
रुला देता है पर्वतों को
नहीं बख़्शता नदी को
पर दर्द देता है जन्म
नयी भाषा को

1992

लकड़ी में बन्द ज्वाला

मैं एक ज्वाला हूँ
लकड़ी में बन्द
धारा में बिजली
बादल में जमी चाँदनी
रात भर घूमती रहती हूँ ढूँढ़ती
घर पानी हवा
मेरी आँखों में सागर हैं
तुम्हारी मुस्कराहटों के
मैं अपने पेड़ को थामे हूँ
जो हसरत की गेंद-सा उछल रहा है

1996

मैं बैठी हूँ शेर की पीठ पर

शेर निगल रहा है
सूरज के गोले को
आकाश को जंगल समझ कर
बादल भाग रहे हैं
मैं बैठी हूँ उसकी पीठ पर

1991

अपने ही फूलों में

खो बैठी हूँ यौवन
जो नाचा करता था आसपास
जिसमें बौरायी रहती थी मैं
अपने ही फूलों में

1991

रॉचेस्टर, न्यूयार्क

1.

गिरे पड़े पेड़
फूटते फूल और पत्ते
बच्चों की तोतली अँगरेज़ी
आँखों को सुख देती
मुझे डराती है
छः बजे हैं
जंगल की साँय-साँय
झींगुर चूहे साँप बिलों में दुबके
अपनी दुनिया में खोये हैं
बच्चों की हँसी
धूप-सी खिलती है
मैं बिखरी किरणें बटोरती हूँ

2.

इस बार लगा
कोई और उड़ रही है
मेरे साथ
भीतर से जगी हुई

सागर फाँदती
चिड़िया-सी स्वतन्त्र
बादलों से ऊपर
रूहों के संग
मैं माँगे हुए पंखों पर उड़ रही थी
वे अपने पंखों पर
मेरा रास्ता निर्धारित था
उसका अबाध
बादलों के कवच के नीचे सागर था
अब कमरे में फूल है
बच्चों की हँसी है
मैं ही आँखों को उन पर टिकने नहीं देती
मुरझाहट से डरती

3.

रात के दो बजे हैं
चुप्पी चाट रही है
माँ की अस्थियों के चूरे-सी
बाहर कोई जानवर परिन्दा नहीं
कल सुबह कुछ लालियाँ देखी थीं
घास के मुख पर मुख मारती

1993

4.

वह टाइप कर रहा है
अँधेरे को जगा रहा है
खुले आकाश के नीचे
बन्द कमरे में
शीशे की छत से देखता
कमरे के इर्द-गिर्द
ताज़ी बर्फ़ गिरी पड़ी है
लाइलेक दब गए हैं

5.

सन्नाटा सँभल रहा है
दूब दुबक रही है
अँधेरा ही अँधेरा है
रात के चार बजे हैं
दो भूत अँधेरे में
टकराते रहते हैं
इधर-उधर भटकते
अपनी-अपनी खोज में व्यस्त
बाहर हवा और पत्तों में बहस छिड़ी हुई है

मैं घूम रही हूँ

1.

बारिश की बारात
कई वर्षों से न कही गई बात
अचानक ले लिए गए फ़ैसले
अधूरे-पूरे
ऊँचा-नीचा झूला
आधी सदी को आह्वान देता
तन्त्र-सा बजता
तन्द्रा को तोड़ता
तक़सीम के स्वप्न देखता
तक़दीर को बाँधे
खुला दौड़ने को तैयार
मैं बुत सरीखी घूम रही हूँ
बारिश में

2.

मैं घूम रही हूँ
बिना पैर बिना सिर

लड़कों-लड़कियों को देख बोल उठती हूँ
गाओ चित्र बनाओ और लिखो
प्यार स्पर्श और आलिंगन को
उठते ओठों के चुम्बन को
घुँघराले बालों को
खुलते गुप्त अंगों को
तन-मन की तरंगों को
काल में कस जाने से पहले
लिखो चित्र बनाओ और गाओ

1995

जैज़

वह काली औरत
गा रही है
धरती और आकाश के बीच
दिखता है
अपना अकेलापन
न्यूओरलिन्ज़ की दलदल में
धीरे धीरे गुम होता
उस काली औरत सा

1994

यदि तुम न आयी होती तो

यदि तुम न आयी होती तो
मैं शायद अपना सिर फोड़ लेती पत्थरों से
उन पत्थरों को देखती
जिस पर मछली की आवाज़ भी
फिसल जाती है काई सी

जज़्ब

1.

हलचल दिल की धड़कन में छिपी हिल रही है
मैं कमरे में बैठी उसे सड़क पर तैरते देख
पकड़ने दौड़ती हूँ वह पानी में छिप जाती है
घर लौटने पर उसे फिर वहीं पाती हूँ

2.

भीतर पहाड़ खड़ा है दबाये बहुत कुछ
भुरभुर होता गिरता है जब शब्दों की टकराहट से चमकता जीवन
का टुकड़ा खुरदरा सामने खुलता दिखता है
मैं सब कुछ भूल उसी में जज़्ब हो जाती हूँ
कुछ क्षण
हाथों को कुछ बोलता देखती

धूप मालिक है

1.

धूप मेरी मित्र है
वह मुझे चुप्पी की भाषा सिखलाती है
धूप को बोरे में भरकर
सँभाल कर रख लेती हूँ

2.

पेड़ नहा लो धूप में तुम
न होना टेढ़े कभी
मेरी याद में
बटोर चुके हो मुझे तुम काफ़ी
समेट चुके हो मुझे तुम पूरा
यदि कोई आए
खोजता मेरी गन्ध को
मेरी ओर से मिन्नत करना
धूप महारानी की
उसको भी
अपनी पीठ पर
बिठा ले जाए

3.

धूप भी किताबों की तरह
मालिक है
इस घर की
बदलती है पैंतरे और
अन्देशे अपने
कभी आ बैठती है छत पर
कभी मुण्डेर पर
कबूतरों के पास
मुझे भी कहती है
जाने को संग
घूमने पर्वतों पर
गिनने और लगाने
नये पेड़

4.

धूप भी दोपहर और शाम के समय को लिये
झील में उतर रही है

ढोलक पीटती गाती वे स्त्रियाँ
अटूट धरती को सिर पर लिये
अपने घुँघरुओं में धूप को थामे हैं

वे घबराती हैं अंधियारा
उनको चाट जाएगा
चिड़िया ढाढ़स बँधाती हुई उड़ जाती है
धूप कल फिर उनकी गठरी में
अवश्य आयेगी
सन्ध्या आते ही मेरे शरीर में
भूत और भविष्य का संगम
शिखर तक पहुँच
फिर रात के अँधेरे में
खो जाता है

5.

धूप और कुत्ते के प्रेम-प्रसंग
यादों से
उड़ रहे हैं धूप में

1990

और परिभाषाएँ

दुनिया
दादी की कहानी
अधूरी

दान
विपरीत दिशा
हवा का तेज

दरिद्रता
दबे छिपे
दाढ़ घिसटना

दर्शन
दलदल की रेत
एक अभिव्यक्ति

दम्भ
नपुंसकता
नागवार

कर्त्ता

कण्डव ऋषि
वन की लावण्यता

कर्म

कर्तव्य विमूढता
बकरी सी मुँह मारती

कुदरत

सूरज का झण्डा
बिना ज़मीन

कल

आस्था की
पहली सीढ़ी

अब

विश्वास को झटका
भीतरी तूफ़ान से

जब

अदला बदली
गाड़ियों की दिशाओं की

नभ

नाटकीय वृत्ति से
छुटकारा

गर्भ

घुप्प अँधेरे में
कुछ ढूँढ़ना

गणित

तारों का
तारतम्य को समझना

समाज

गुफ़ाओं में छिपे
सन्देह के साथी

सन्देह

बिजली और तूफ़ान के बीच
हवा को बुलावा

सुरक्षा

ऐवरेस्ट को
ढकती बर्फ़

सन्तोष

सगुणात्मक नमस्कार
पल भर का

सन्तुलन

मायूसी के पासे पर
निगाह

मायूसी

हवा की गद्दारी
फूल बिखेरती

गद्दारी

विश्वास की पंचायत में
एक कूबड़

विश्वास

सतरंगी इन्द्रधनुष का
खुलना

हृदय

सात तहों के पार
झिलमिलाता दृश्य

दृश्य

सागवान की ऊँचाई में
धूप जल और दावानल

शाम

ज़मीन
स्वर्ग को जाती

भूकम्प के बाद

भूकम्प ले गया शहर-का-शहर
मैं उसके मलबे पर चढ़ती--गिरती घूम रही हूँ
पानी के लिए
मीलों चलती हूँ
आग की आँख दिख जाती है
कुछ राहत मिलती है
दाढ़ी वाले दो बाबा
चरस पी रहे हैं
मैं उनके पास बैठ
सोचने लग जाती हूँ
आदि और अन्त के बारे में
उनके साथ चिलम पीती

1993

रेत

रेत के पहाड़ लगते हैं ऐसे
जैसे डाल दिया हो कफ़न किसी ने
पूरे शहर के मुर्दों पर
हिलती हवा की चादर सी
वह पड़ी रहती है
उस अकेले बियाबान में
जहाँ भूले से कभी कोई
दिख जाता है
राही या डाकिया
ऊँट पर चढ़ा
पानी की मश्क के साथ
रेत थर थर काँपने लगती है

1990

करणीमाता के मन्दिर के चूहों की तरह

बड़े बूढ़े
साठ के लगते ही
लपक पड़ते हैं
एक ही परात के इर्द-गिर्द
अपनी अपनी जगह बनाते
गोलाई में
ताकि देख सकें एक दूसरे को
पृथ्वी पर नीचे
जाने के बाद भी
करणी माता के मन्दिर के चूहों की तरह
एक ही परात से दूध पीते

1999

महाकाल

महाकाल का मन्दिर दिखता है   भय आया था   कालिदास को याद करती हूँ गढ़कालिका की प्रतिमा दिखती है   भस्मि में लथपथ शिवजी देखती हूँ   गले में दो खुली खोपड़ियाँ   आकाश और धरती है   महाकाल के मन्दिर में सुबह के चार बजे   श्मशान से ताज़ी भस्मि आती है   उनको नहलाने के लिए   शिवजी के नंगे नीले शरीर को देखती   उनके चेहरे की मुस्कान में   स्वाह हो जाती हूँ

1994

नेपाल

1.

नागरकोट में
हवा को मैं समझती थी भूत
पहाड़ों को राक्षस
जंगली जानवरों को यमदूत
हवाई जहाज़ को बाघ
पेड़ों की सीढ़ी से आकाश को देखती
जहाँ बादल बदल रहे होते थे बिस्तर

2.

एक लड़की 'टाइगर टॉप्स' पर
हाथियों की नस्ल बढ़ाने के लिए
अपना देश छोड़
नेपाल आयी है
हथनियों की माहवारी का हिसाब रखती
उन्हें हाथियों से मिलवाती है
सुबह पाँच बजे
दिन में जंगली बूटियों की पहचान करती
सीख रही है नेपाली
हाथियों के बीच

3.

अठारह साल का लड़का जो
शायद पन्द्रह सोलह का है
दायें कान में मुर्की और स्टड पहने है
बीयर पीते हिन्दी में कुछ ऊँचा पढ़ने की कोशिश करता है
अपने गोरे प्रेमी के साथ
टूटी फूटी हिन्दी में बात करता है
गोरा उसको देख ख़ुश हो रहा है
लड़का वाकमैन पर नेपाली गाने और
माइकल जैक्सन के टेप सुनता रहता है
ख़ूबसूरत मुलायम त्वचा
आँखें बतख़ सी
जिनसे वह बातें करता है
रेस्तराँ में भी वह बीयर पीता रहा
एक वेट्रेस उसे पहचान लेती है
नेपाली भाषा में पूछती है
साथ कौन है लड़का कहता है
मैं अगले माह विदेश जा रहा हूँ
गोरा आदमी बतलाता है
मैं शाकाहारी और समलैंगिक हूँ

1996

वेनिस

1.

वेनिस का सूरज दो पानियों में एक साथ भागता आ रहा है चर्च
के घण्टों सा सब की आँखों में घुसता जा रहा है नीचे नहर उछाल
मार रही है गन्ध छोड़ती हवा में थोड़ी मुस्कराहट है

2.

चिड़ियों की चहचहाहट इस पानी के शहर में कुछ अजीब लग रही
है
थोड़ी थोड़ी देर बाद चर्च के घण्टे बजते रहते हैं समय को सुलाते
सदियाँ बीतती गयी और बीतेंगी यही सुनते
प्रकृति की अजीब दास्तान है यह द्वीप
पहाड़ चट्टानें नहीं जंगल नहीं शेर चीते नहीं
पानी के किनारे–खड़ा–
यह शहर अपने में अकड़ता खड़ा है चुपचाप
सैलानियों की प्रतीक्षा में
परसों रात स्क्वेयर में बम फूटा शुक्र है किसी को नुकसान नहीं
हुआ
ऐड्रिऐटिक समुद्र में हर घण्टे बाद ज्वार भाटा उठता रहता है
नीचे बच्चे गोंडाले की सैर कर चहक रहे हैं

चिड़ियों और बच्चों का चहकना मेरे भीतर जगह बना रहा है—बसने के लिए

3.

चिड़िया छोटी सी खिड़की पर बैठ उड़ गयी
नीला आकाश सफ़ेद बादल छितरे छितरे खड़े हैं सिर पर छतरी ताने
नहरें शान्त
गंडोले पार्क कर रहे हैं गंडोलेवाले घर जाने की जल्दी में
एक गंडोला चाओवेनिसिया गाता हुआ निकल गया
कोई गा रहा है अलग सी धुन इटेलियन में हारमोनियम सा बजाता
मैं अचानक अपनी बाँहों हाथों की झुर्रियाँ देख रही हूँ
साढ़े पाँच बजे हैं शाम के
बुढ़ापा बढ़ता जा रहा है तेज़ धार सा बाहर पानी ही पानी है
भीतर पानी त्वचा को रूखा करता जा रहा है

4.

पानी का प्रताप है इस शहर में
पहाड़ डराते हैं रात को पानी दिन में
पानी की प्रतिमा नहीं होती—हवा की तरह—समझ नहीं पाती
इसका प्रवाह कौन तय करता है
वेनिस तुम ऐड्रिऐटिक समुद्र को सँभाले अमीरी का सरताज पहने
सेंट मार्क पर बने चर्च में बैठे पुरानी वास्तुकला को सँभाले खड़े

हो पिछले नौ सौ वर्षों से
दुनिया भर से लोग आते हैं तुम्हारी छवि निहारने
मैं भी आ पहुँची इस बीती उम्र में
नहीं पचा पाई आँखें तुम्हारी दमक जिस से खो बैठी छठाँ हिस्सा
रेटिना का
जो गिर कर गुम हो गया आँखों के समुद्र में—सदा के लिए—एक
सूराख़ छोड़ता
जिस से बाहरी रोशनी घुस कर छल्ले बना नाचती रहती है दिन
रात—अपना सूरज लिए साथ—वेनिस की
याद पर प्रकाश डालती चाओ चाओ करती

माण्डू जाते हुए

माण्डू पहुँचने की इच्छा में
आ रहे थे
तेज़ी से गुज़रते हुए
मेरी स्मृतियों के वृक्ष
पहाड़ नदियाँ नाले
पुल ऊँचाइयाँ चढ़ाइयाँ

भूत की तरह चिपटा हुआ
वह चेहरा
शीशे की गोल चौखट में बन्द
मेरे साथ चल रहा था

सोचा
कोई बड़ी नदी आए तो
उठा कर फेंक दूँगी
वह चौखट
और हो जाऊँगी आज़ाद

लिखना मत छोड़ो

उम्र से शिकायत नहीं
आँखें दिमाग़ हाथ
सब चैतन्य
टाँगे साथ नहीं दे रही तो क्या
जाना होगा बाहर जीने के लिए
जोड़ लिया जो जोड़ना था
ख़र्च करना आना चाहिए
अपने पर भी
अपने को एकाकीपन से
निकालना होगा
समय का सदुपयोग करना होगा
लिखना मत छोड़ो
लिखो वही जो कर और देख रही हो
हर दिन कुछ नया ले कर आता है
लिखो जो तुम्हें छूता है
कुछ कहने को मज़बूर करता है
पता नहीं कहाँ कब
समय का हिसाब ख़त्म होते ही
प्राण रुक जाएँ
शरीर तो घिस चुका है

जाते हुए

1.

हम दोनों चले जाएँगे। हमारा प्यार घूमता रहेगा
पृथ्वी के साथ झूलता रहेगा झूला
सड़क के बीचोबीच
बरसेगा जंगल के पेड़ों पर पक्षियों के घोंसलों को बचाता
बन्दरों को चने फेंकेगा

मन्दिरों के बाहर

2.

चलो चलें उस पार जहाँ से वापिस नहीं आयें यह घर बच्चों को
सौंप पर्वत की शृँखलाओं में गुम हो जाएँ पत्तों की तालियाँ सुनें
चश्मों में अपनी धड़कन देखें जंगली जानवरों से घूमें बिना डर कहीं
किसी पेड़ की छाँह में सोये सोये

किसी और का भोजन बन जायें

जारी सफ़र

1.

मुझे याद है हर साल की अलग अलग यादें
अलग पड़ती
टँगी रहीं रस्सी सी जुड़ी। डर प्यार में सिमटी। विद्रोह करने की
प्रबल इच्छा से घिरी।
घेरे रही इतने साल हाथ पर खुदी रेखाओं की तरह
—जो नहीं बदली जा सकती—
इस शरीर के रहते

मैं ख़ुश हूँ कि जीवन के आख़िरी पड़ाव पर ही सही संवाद शुरू
कर पाई अपने से

2.

अपनी कविताएँ सुनती हूँ
अपनी आवाज़ में
उच्चारण विराम
पंक्तियों की जोड़ा तोड़ी करती
नयी पंक्ति का प्रारम्भ पहली पंक्ति के अन्त से
मानो पहली कक्षा से दूसरी कक्षा में पहुँचती

फिर अगली से अगली

लिखने की कोशिश में सफ़र जारी रखती

यादों की नींद में

1.

शब्द एक बड़ी खाई के इर्द-गिर्द उड़ रहे हैं इधर से उधर
सूरज चाँद सितारों की तरह गुम हो फिर फिर निकल आते हैं
मैं सुन रही होती हूँ उनका संगीत यादों की नींद में

2.

मैं हर रात उठती हूँ
देखती खिड़की से झूमते तारे लिख रहे होते हैं अपना अतीत मेरी तरह
तितर बितर हो जाने से पहले

3.

भीतर वही दिखता है
जिसको छुआ होता यादों में सँजोये
जब मैं किसी चट्टान पर बैठी देख रही होऊँगी
सूरज की रेत चूमते
अपने एकान्त में
लोग कहेंगे यह यही वह पगली है जो सयानी उम्र में कविताएँ लिखने लगी

4.

प्रकाश प्रचण्ड है
अपने अक़्स से आँखों के कँचों में उतरता जा रहा है
सब कुछ दिख रहा है पकड़ में नहीं आ रहा
हाथ देखना चाहते हैं पोरों से कान बटोरना चाह रहें हैं भागती परछाइयाँ

5.

चढ़ती हूँ पहाड़ी
शहर सोया है मेरी आँखों के पीछे
हवा की चर्खी चुप है
चाँद चुपचाप देखता दूर जा रहा है
सूरज ने धरती आकाश को सँभाल लिया
पेड़ साँस ले रहे हैं

6.

पानी चिल्लाता जा रहा है नदी सड़कें निगल रही है पेड़ गिरते जा रहे हैं
पूरा जंगल जाग रहा है
मैं तुम्हारी प्रतीक्षा में

देखती हूँ पेड़ शब्दों के

7.

शरीर के भीतर कई शरीर हैं
बादलों के बिना नीला नंगा आकाश
डूबता सूरज रेत के कपड़े पहने
शाम चुप है चिन्गारी सी
उदासी और शब्द
यादों को निचोड़ने में व्यस्त

देश बेगाना है

1.

यह सब कुछ क्या है
मकड़ी जाला बुनने में व्यस्त मधुमक्खी शहद बनाने में मनुष्य बम बनाने में
पूरे ब्रह्माण्ड में नभ जल चर में
हलचल मची है
जीवन एक केंचुले की रफ़्तार से चल रहा है
यह सब क्यों है

2.

हवा डरा रही है बाहर
चिमनी से झाँक रही है भीतर का हालचाल
कौन आया कौन गया कोई क्या कर रहा है अपने अन्दर और बाहर
श्वांसों को खींचती ख़ारिज करती
यह आवाज़ें अकेली नहीं
पूरा घर शामिल है इसमें

3.

तुम लिखो आवाज़ आती है तीन बजे सुबह क्या लिखूँ जो चाहो

जिस पर चाहो सफ़ेद पत्ते पर जमाओ कुछ पंक्तियाँ कुछ क्षण
उल्लास के कुछ निराशा के कुछ उत्साह के कुछ प्रोत्साहन के कुछ
क़रीब के कुछ दूर के
कुछ को फाड़ो कुछ को छोड़ो
हर रोज़ एक कविता है हर सुबह एक उजाला हर रात एक अँधेरा
तीन बजे सुबह का समय एक उम्मीद
अँधेरे उजाले के बीच कविता के बीज उगाने की उपजाऊ ज़मीन
जिसको अँधेरा तैयार कर चुका होता है
तीन बजे के क़रीब तरह तरह की भीतर बाहरी आवाज़ों से भिड़ता
सक्रिय हो जाता है बाहर चमगादड़ उल्लू घर में मैं
वही काम कर रही हूँ सुबह होने की उतावली से पहले

4.

तीन बजे की आवाज़ें
न रात की न प्रभात की केवल भीतर की
स्वप्नों में न जाने कहाँ कहाँ घूम आती हैं न जाने कितने लोगों
से मिल उसी स्वप्न के संसार में लिप्त एक दूसरा जीवन जी
वर्तमान में लौटती हैं
लगता है बढ़ता आ रहा है वह क्षण जहाँ न स्वप्न रहेगा न वर्तमान
अतीत में झाँकने का मौक़ा शायद मिलता रहेगा जहाँ भी जिस
जन्म में आत्मा ने बिना हील हुज्जत के किया होगा स्वीकार अपना
नया जन्म और स्थान
प्रस्थान से पूर्व निर्धारित ग्रहों की चाल दशा को घड़ियों पलों से
महीनों वर्षों तक के गणित को सच्चा ठहराता

5.

चार बज चुके हैं कब के
सन्नाटा सुर की तलाश में चल पड़ा है मैं शब्दों की खोज में
अमृत वेला न झँझट न झमेला
ईश्वर जो कविता का दूसरा नाम है उसको मिलने की बेला
मस्तिष्क में स्थापित कई ईष्ट वरदान देने के लिए लालायित केवल
ध्यान की प्रतीक्षा में खड़े हैं शब्दों की चापलूसी से प्रभावित जो मुझे
नहीं करनी आती
शायद मेरा शब्द-ज्ञान सीमित है

5.

क्या करूँ मैं अब
सब कुछ पूरा हो गया अच्छा बुरा कुछ पूरा कुछ अधूरा
अब हाथ में क़लम पकड़ने में भी कष्ट दृष्टि में दोष पर
कुछ सार्थक लिखते रहने की इच्छा जीवित है अभी भी

6.

जाना है देश बेगाना है पर
मुझे मालूम नहीं कि मेरा देश यह है या वह
कवि की न कोई जाति है न धर्म न वीज़ा न पासपोर्ट
न सीमाएँ निर्धारित अनिर्धारित
कल्पना की उड़ान भरती सच्चाई सामने उतार सच्चा हो जाता है
कवि

ईश्वर कहलाता

7.

भीतरी आवाज़ें जब एकत्र हो टूटती बिखरती हैं
पन्ने जीवित हो उठते लगते हैं मेरा ही ब्यौरा बताने को उतावले

8.

आँखें बन्द कर देखती हूँ कहाँ हूँ
हूँ या नहीं
लोगों के बीच शब्दों से घिरी या चाँद सी अकेली दूर

9.

ऋषिकेश का एक मठ गंगा के किनारे शान्त गंगा
नीला आकाश हरे पहाड़
आँखें देखती हैं दूर तक जहाँ पानी और आकाश एक हो चुके होते
हैं
जैसे तुम और मैं

10.

आकाश को देखती
अनगिनत तारे
शब्दों में उतरने की जल्दी में क़िस्से कहानियों की दुनिया से बाहर

शब्दों की कलियाँ लिये कल्पना की उड़ान से खिल उठते हैं
मैं आत्मविभोर हो गुनगुनाने लगती हूँ

11.

अनुपस्थिति पुरानी यादों की बौछार लिए घूमती है
जो कुछ तुम लिख रही हो वह सब तुम हो

मैं कहाँ हूँ
मैं तुम नहीं बन सकता

12.

मैं तुम्हारे साथ सट कर बैठना चाहूँगी हवाई जहाज़ की यात्रा पर
पहले की गयी यात्राओं को याद करते इस बार मेरा वायदा है कि
मैं जागती रहूँगी तुमसे सटी कि कहीं तुम निकल न जाओ आकाश
के अनन्त में

13.

किसी को कुछ कहना नहीं
पर सब अपने अपने ढंग से कुछ कह रहे हैं
सूरज चाँद सितारों की तरह पृथ्वी जल अग्नि और हवा उन को
पूरा समझ रहे हैं

इस बीच तुम लिखो लिखना मत छोड़ो

बुढ़ापे में दीया और बाती शायद एक ही हो जाते हैं

14.

कहाँ से ली यह ज़बान जो भड़क उठती है पल पल किस से ली
यह शैतान आँखें जिन्हें देखने से औरतें घबराती हैं कहाँ से लिया
यह लड़ाकूपन जिन पर निगाहें जमी हैं कुछ बातें और भी
कि मैं लिख नहीं पाती
मृत्यु गिन रही है गिनती उल्टी तरफ़ से

15.

तोते शान्त चिड़िया शान्त कबूतर शान्त
कौवे भी शान्त

केवल मैं क्यों हूँ कोयल की तरह अशान्त

मृत्यु
एक ऐसा दख़ल रहता है पड़ोसी की तरह

आकाश घर

1.

क्या मरा हुआ आदमी भी सोचता है? यदि सोचता है तो कितनी देर तक? शायद जब तक उसका मस्तिष्क नहीं जलता या राख हो जाने पर भी या पुरखों में मिल जाने पर भी या हवा में उड़ जाने पर भी या फिर जन्म लेने के चालीस दिन बाद तक

2.

संक्षेप में बात यह है अपने आप को देख पाना बहुत कठिन है अपना चित्र बनाना और भी अपने को लिख कर दो शब्दों में कहना वैसा ही जैसे मरने के बाद किसी को कोई खास बात बता देना

4.

मुझे ख़ाली आकाश की तरह ख़ाली बैठने से डर लगता है। ख़ाली स्थानों से डर लगता है
चश्मों से टिपटिप झींगुर की पुकार में दिन दिखता है

5.

वह क्षण आएगा और मुझे रोकेंगी मेरी मुँदी आँखें। मुझे रोकेंगे मेरे जूते।
मुझे जाना होगा बिन कुछ कहे
वहाँ
मुझे जाते जाते कर जाना है घर ठीक दराज़ ठीक महीने का हिसाब ठीक

6.

ओस की चुप्पी साधे अपनी सीमा लाँघती डर रही है वह निगल जायेगी सारे जंगल को पर्वत की शृँखलाओं को और टिपटिप करते चश्मों को
वापिस नहीं जाएगी अपने अन्तःपुर में कबूतर सी गरदन डुलाती

7.

रिसती हूँ बूँद बूँद। अपने जीवन की सुरंग में झाँकती। कुएँ में किसी अक्स सी
कुछ इच्छाएँ चिपटी हैं जोंक सी जाएँगी साथ चौरासी लाख बार

उसका अपना कोई घर नहीं है यहाँ भी समय बिताती है वहाँ भी

8.

कविता लिखते लिखते गूँगी हो जाती हूँ भीतर से पर सब कुछ सुनती

हरा स्वप्न एक आया एक शब्द को सूरत दे चुप्पी बिखेरता रेत सी और बोलता चला गया न जाने क्या?

9.

काशी जाने की आशा में काँटों भरी बगीची में उलझी हूँ बैल बड़े सींगों वाला बढ़ रहा है मेरी ओर आँखें मेरी आँखों में गड़ाये रात के दिन में पहुँच हाँफती सी उठ
बैठती हूँ

10.

प्राण पखेरू हो उड़ना चाहते हैं, देह रोक लेती है

11.

देह रेत है

12.

भेड़िया भीतर बैठा है, उसे पुकारती रहती हूँ आँखें बन्द किए

स्वप्न में भी सबसे आख़िर रह जाती हूँ

13.

हाथों की खाल देख कर डर लगता है। स्वप्न गल रहे हैं। मैंने
लोगों को मरते देखा है जीते हुए जीते देखा है मरते हुए
असलियत तो शायद यह है कि कोई किसी को भी नहीं जानता
अपने को भी नहीं

14.

बिना पलक झपके घूमती हूँ कभी कभी बिना जाने उसको जो न
जाने क्यों छिपा रहता है भीतर

15.

वह अकेला है। देखता बाहर सब कुछ चल रहा है पहले जैसा।
चलता रहेगा उसके जाने के बाद भी

16.

कैसे व्यस्त है एक चींटी अपनी खोज में

17.

मैं जंगल में अकेली नंगे पाँव रास्ता पूछती राहगीरों से नीली रोशनी

में सब कुछ नीला देखती

मैं लिखना क्यों चाहती हूँ

18.

मैं माँ के दूध में और दूध मुझ में
माँ माँ माँ। मैं भी माँ हूँ। मैं नहीं चाहती मैं राग में बदल जाऊँ
बच्चे गाते रहे मुझे ही दिन रात

19.

मैं अपने खण्डहरों में खड़ी हूँ खोई हुई। लालटेन लिए लपकता है
एक व्यक्ति। मेरी परछाई ढूँढ़ता

मेरे पास एक ही रूमाल है सबको ढँकने और नंगा करने के लिए

20.

ज़िन्दगी एक रीछ की तरह भद्दी मोटी और छोटी है नाचती
है रस्सी में जकड़ी नचाने वाले के इशारे पर

21.

सब सोये हुए हैं
कहाँ मरना है कुछ पता नहीं : कविता की आँख ही चारों ओर

देखती है

22.

तुम स्त्री हो स्त्री को समझती हो पूरा

23.

तुम किस भेस में आओगी? कब?
कुछ समय देना

24.

धरती बैठी है जाँघे फैलाए बीजों की प्रतीक्षा में

25.

स्त्री खड़ी है खम्भे सी
मुस्कान में
पीतल की परात में अपने दिमाग़ को ख़ाली करती

शीर्षकहीन

एक बूढ़ा बेंच पर बैठा सामने खड़े दो बूढ़ों से बतिया रहा है। एक युवा स्त्री पार्क का चक्कर लगा रही है। बूढ़ा बेंच से तिकोन तोड़ बात बीच में ही छोड़ चल देता है। सूरज गुम हो जाता है। युवा स्त्री अपनी आँखें वहीं छोड़ आकाश के सूखे में जा छिपती है।

अन्दर का अँधेरा बाहर के प्रकाश को लील रहा है। एक गोरा नाव में लेटा है। उसके दिमाग़ में रसोली है। नाव डगमगा रही है। मैं मदद के लिए पुकारती हूँ। गिलास गिरने से नींद टूट जाती है। अँधेरा अब धुन्ध उगल रहा है। फ़ोन पर ख़बर मिलती है वह नहीं रहा। उसकी प्रेमिका की आवाज़ डगमगाती नाव सी गोते खा रही है।

घर के पिछवाड़े सेब का पेड़ फटे सेबों को उछालता मेरी और पड़ोसी की ज़मीन का बँटवारा करता खड़ा है खाई-सा बर्फ़ और तूफ़ान में हम दोनों की रखवाली करता। घर के सामने हरी गाजरों के पत्तों से खड़े यह दो सदाबहार हर मौसम को सहते प्रेमियों को पनाह देते रहते हैं। मैं कभी कभी पर्दों की दरार से बेटी को अपने प्रेमी के संग वहाँ खड़ी देख पीछे हट जाती हूँ।

चाँद हवा को साँकल दे रहा है। धूप भीड़ में घुस भगदड़ मचा रही

है। कुत्ता अपना बचा खुचा खाना चाट रहा है। धूप अब छत पर चढ़ी यज्ञ कर रही है। मज़दूर अपने गाढ़े पसीने की आहुति से उसे प्रसन्न कर रहे हैं। वह हर रोज़ चली आती है जैसे अख़बार कूदती पेड़ पेड़ जैसे लंगूर। मैं उस से डरती हूँ।

2000

रूहें

मुझे पता चल गया था उसने चले जाना है। रूहें आयी थीं उसको लेने। एक ने कहा अभी ले चलते हैं दूसरी ने कहा नहीं। सात बज कर बीस मिनट पर ले जायेंगे। पहले ले जाने से गड़बड़ी होगी। संसार आना जाना है। कुछ भी नहीं है अपना। जो हाथ से दिया वही जायेगा साथ। आधी रोटी खाओ आधी दे दो। मुट्ठी में लो और मुट्ठी में दो। वही लगता है। तुम्हारी माँ जब मरी थी तब भी मुझे पता चल गया था। सपने में आयी थी कह रही थी शाल ले लेना काली कढ़ाई वाली।

जब दिल का दौरा पड़ा था रूहें आयी थीं। मैं बेहोशी की हालत में पूछती रही कहाँ जाना है। मैं कीचड़ में धँसी पड़ी थी। एक आदमी को कह रही थी निकालो। आँखें खोली तो डाक्टर पास खड़ा था। रूहें आवाज़ में ग़ायब।

एक नारियल थोड़ा सा आटा साबत उड़द की दाल कुछ फल कल जन्मदिन पर ज़रूर दे देना। ग्रह टल जाते हैं। महात्माओं को भोजन और दूध मैं भिजवा दूँगी या खुद दे आऊँगी। यह नालायक़ बेटा दूध कुत्तों को डाल देता है मन्दिर पहुँचाने के बजाय मैं खुद ही दे आऊँगी। दो साल की मोहलत रूहों ने दी है।

कफ़न की चीज़ें आ गयी। चलो कर गयी पूरा। मेरा तेरा ख़त्म हो गया। इसे तो अब जाना ही था। सबको वैसे तो जाना ही है। सपने में तुम्हारी माँ—लड़की जो पिछले साल मरी थी—उसे मोज़े पहना रही है। बर्सी पर मोज़े ज़रूर दे देवे। लो वेन भी आ गयी। एक चोला छोड़ दूसरे के लिए चल पड़ी। सब कुछ यहीं छोड़।

1999